THiLO

Krimigeschichten

Illustriert von Katharina Wieker

www.leseleiter.de

Zu diesem Buch steht eine Lehrerhandreichung zum kostenlosen
Download bereit unter http://www.loewe-verlag.de/paedagogen

ISBN 978-3-7855-7124-8
1. Auflage 2011
© 2011 Loewe Verlag GmbH, Bindlach
Umschlagillustration: Katharina Wieker
Reihenlogo: Angelika Stubner
Rätselfragen: Sabine Schmeckenbecher
Printed in Italy (011)

www.loewe-verlag.de

Inhalt

Unter Verdacht

Elias und Jan sitzen
in ihrem Baumhaus.
„Wie erkennt man
Verbrecher?", fragt Elias.

„Ganz einfach!",
erklärt Jan.
„Die sehen verdächtig aus."

Die beiden Detektiv-Freunde
beobachten die Straße.
Die Leute sehen aus wie immer.

Frau Krause geht einkaufen.
Jans Nachbar wäscht das Auto.

„Es gibt zu wenig Verbrecher!",
beschwert sich Elias.

Doch plötzlich zupft ihn Jan
am Ärmel.
„Da!", flüstert er
und zeigt zur Ampel.

Elias staunt.
Der Mann da hinten
sieht echt verdächtig aus!

Er trägt einen langen Mantel
und eine schwarze Mütze.
Die geht fast über die Augen.

„Und ein Schal,
mitten im Sommer?",
wundert sich Jan.
„Das ist ein Einbrecher!"

Wie der Blitz rennen sie
hinter dem Verdächtigen her.

Der Mann dreht sich um.
Jan und Elias verstecken sich
hinter einem Busch.

Der Mann geht in die Apotheke.
„Da klaut er die Kasse!",
ist sich Jan sicher.

Sie pressen ihre Ohren
ans Fenster.
So hören sie alles,
was der verdächtige Mann sagt.

„Eine Packung Halstabletten,
bitte!", bestellt er.
„Ich bin furchtbar erkältet!"

„Hach!", stöhnt Jan
auf dem Rückweg.
„Es gibt einfach
viel zu wenig Verbrecher!"
Und da kann ihm Elias
wirklich nicht widersprechen.

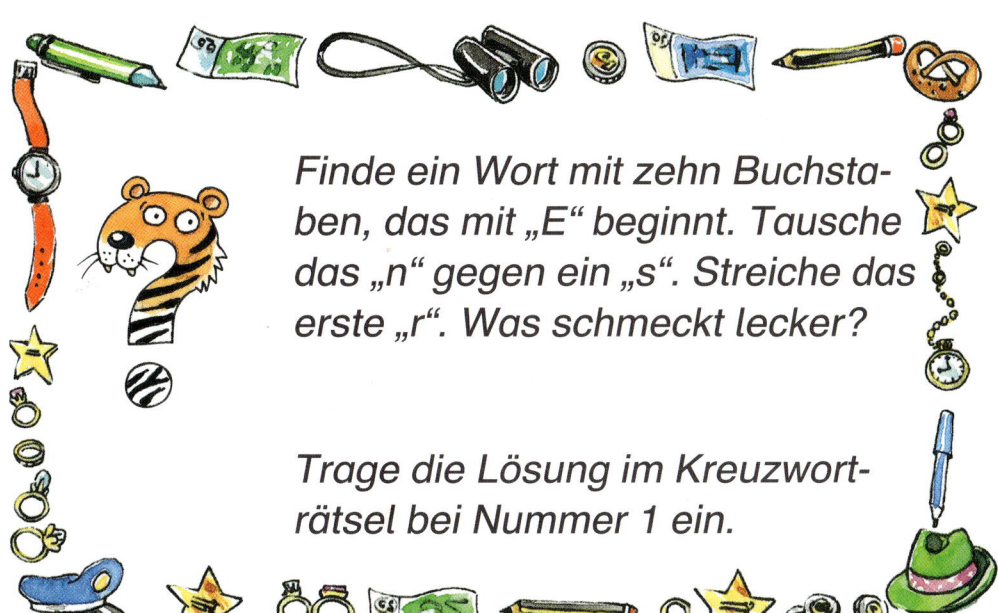

Finde ein Wort mit zehn Buchstaben, das mit „E" beginnt. Tausche das „n" gegen ein „s". Streiche das erste „r". Was schmeckt lecker?

Trage die Lösung im Kreuzworträtsel bei Nummer 1 ein.

15

Spion um Mitternacht

Mattis Vater hat
etwas gewonnen:
ein Wochenende
in einem vornehmen Hotel.

Und weil Mama krank ist,
kommt Matti mit.

Nur stinkreiche Leute
machen hier Urlaub.
Matti liest gerne Krimis.
Deshalb weiß er genau:
Reiche locken Diebe an.

Nachts ist Matti hellwach.
Neben ihm schläft Papa.

17

Auf dem Gang knarrt es.
„Papa!", zischt Matti.
„Im Flur ist ein Dieb!"
Doch Papa schnarcht weiter.

Dann schlägt es Mitternacht.
Matti zuckt zusammen. Da!
Draußen schlurfen Schritte!

Matti sieht
durchs Schlüsselloch.

Aus dem Zimmer gegenüber
kommt ein Kellner.
Er schiebt einen Wagen
mit vielen Tellern und Tassen.

Matti will zurück ins Bett.
Doch was ist das?
Unter einem Teller blitzt es!
„Schmuck!", erkennt Matti.

Als der Kellner
im Fahrstuhl verschwindet,
rast Matti die Treppe hinunter.

„Der Kellner
hat etwas gestohlen!",
ruft Matti einem Mann zu.
Es ist der Hoteldirektor.

Als der Fahrstuhl ankommt,
durchsucht er den Wagen.

Der Direktor findet
drei Goldketten, teure Uhren
und zwölf Diamantringe.

„Gratuliere!", lobt er Matti.
„Dafür bekommst du
zwei Wochen Urlaub umsonst
in unserem Hotel!"

Matti überlegt kurz.
Dann schüttelt er den Kopf.
„Nein, danke!",
sagt er höflich.
„Hier kann ich ja
kein Auge zumachen!"

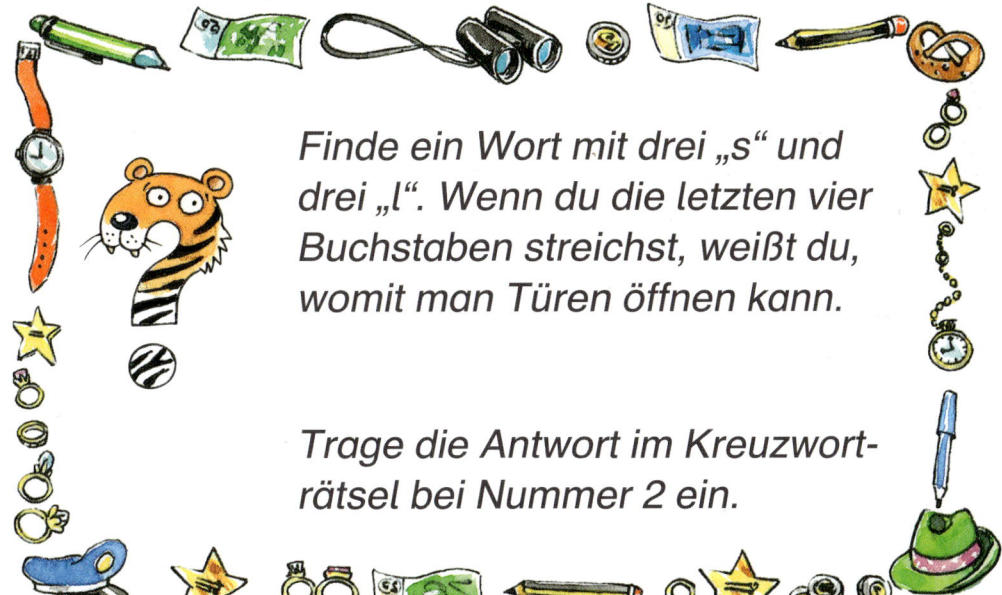

Finde ein Wort mit drei „s" und drei „l". Wenn du die letzten vier Buchstaben streichst, weißt du, womit man Türen öffnen kann.

Trage die Antwort im Kreuzwort- rätsel bei Nummer 2 ein.

23

Trau keinem Bankräuber

Luise und ihre Freundin Paula
laufen über den Wochenmarkt.
Sie sind heute in Kicherlaune.

Schon in der Schule
haben sie Quatsch gemacht.
Jetzt fallen ihnen
noch mehr Streiche ein.

Überall in der Stadt
hängen große Plakate.
„Bankräuber gesucht!",
steht darauf.

„Du bist aber hässlich!",
sagt Luise zu dem Plakat.
Paula kichert.

Im Nu malt sie dem Bankräuber
einen schwarzen Schnurrbart.
Luise kichert.

„Jetzt bin ich dran!",
ruft sie.
Schnell ist Luise
beim nächsten Plakat.

Mit Rot schminkt Luise
dem Mann einen Kussmund.

Paula malt ihm
einen Omahut auf den Kopf.
Beide Freundinnen kichern.

Plötzlich ertönt eine Sirene.
„Schon wieder ist eine Bank
überfallen worden!",
ruft die Obstverkäuferin.

Sofort sind Polizeiautos da.
Polizisten versperren
die Straßen.

Sie durchsuchen alle Leute.
Aber der Bankräuber
ist nicht dabei.

Plötzlich zeigt Paula
auf eine alte Frau.
Sie hat rot geschminkte Lippen
und trägt einen Omahut!

„Der Bankräuber
hat sich verkleidet!",
ruft Luise.

Die Polizisten nehmen dem Mann
die Verkleidung ab.
Tatsächlich!
Es ist der Bankräuber!

„Woher habt ihr das
nur gewusst?",
fragt eine Polizistin.
Paula und Luise kichern
und zwinkern sich zu.
„Das ist unser Geheimnis!"

Welches Wort hat die meisten
Buchstaben? Streiche die ersten
sieben und die letzten zwei Buch-
staben.

Trage die Lösung im Kreuzwort-
rätsel bei Nummer 3 ein.

Langfinger gesucht

„Oh, nein!", ruft Lisa.
„Mein Geldbeutel ist weg!"
Ratlos stehen die Mädchen
in der Umkleidekabine.

Als sie geturnt haben,
ist Lisas Geld verschwunden.

„Wie kann denn das gehen?“,
fragt Paula.
„Die Kabine war
doch abgeschlossen.“

Schnell zieht sich Lisa um
und erzählt es den anderen.

„Vielleicht hast du dein Geld
zu Hause vergessen?",
fragt Herr Wolf.

„Zu den Kabinen haben doch nur
wir Trainer einen Schlüssel!"

Murat schüttelt den Kopf.
„Letzte Woche war
mein Geld weg", erklärt er.

„Im Verein gibt es
also einen Dieb",
stellt Benni fest.

Geknickt gehen Murat, Benni,
Paula und Lisa nach Hause.
Am Kiosk von Onkel Max
will Benni allen ein Eis holen.

Da kommt ein großer Junge.
Er schubst Benni einfach
zur Seite und bestellt Bier.

„Das war Axel",
erklärt Onkel Max.
„Der war früher mal Trainer
im Turnverein."

„Vielleicht hat der
seinen Schlüssel noch!",
wispert Lisa aufgeregt.

„Beim nächsten Turnen
werden wir es wissen",
verspricht Murat.

Die ganze Woche verrät Murat
nichts von seinem Plan.

Beim nächsten Turnen steckt er
einen 10-Euro-Schein
in seine Jackentasche.
Jeder kann ihn sofort sehen.

Nach dem Turnen
ist Murats Schein weg.

Aber Murat grinst nur.
„Auf zum Kiosk!", ruft er.
Alle stürmen los.

Tatsächlich steht Axel da
und trinkt Bier.
Seine rechte Hand versteckt er
in seiner Hosentasche.

„Hand vorzeigen!“,
ruft ihm Murat mutig zu.
„Auf meinem Geld war Farbe!“

„Hau ab, du Würstchen!“,
grummelt Axel.

41

Doch Onkel Max greift ein.
„Ich rufe jetzt die Polizei.
Ich habe mich schon über
Axels rote Finger gewundert!"
„Fall gelöst!", jubelt Lisa.
„Jetzt gibt es Eis für alle!"

Was will Benni für seine Freunde am Kiosk kaufen? Setze ein „R" davor.

Trage die Antwort im Kreuzwort-rätsel bei Nummer 4 ein.

Die ersten 20 Lebensjahre verbrachte **THiLO** in der Kinderecke der elterlichen Buchhandlung. Anschließend schaute er sich in Afrika, Asien und Mittelamerika um, bevor er mit Freunden als Kabarett-Trio „Die Motzbrocken" erfolgreich durch die Lande zog (Grazer Kleinkunstpreis, Hessischer Satirepreis).

Heute lebt THiLO mit seiner Frau und vier Kindern in Mainz und schreibt neben seinen Romanen Geschichten und Drehbücher, u.a. für Siebenstein, Sesamstraße, Schloss Einstein und Bibi Blocksberg.

Mehr über THiLO und seine Geschichten erfahrt ihr im Internet unter www.thilos-gute-seite.de.

Katharina Wieker hat schon als Kind gerne gezeichnet. Nach einer Ausbildung zur Trickfilmerin und einigen Jahren in diesem Beruf bekam sie eine Tochter und illustriert seitdem Kinderbücher. Sie lebt mit ihrer Familie in Berlin.

Knacke das Rätsel!

Sammle von Geschichte zu Geschichte die Antworten zu den Fragen und trage sie hier ins Kreuzworträtsel ein. Das Lösungswort sagt dir, was ein Verbrechen ist.

Kleine Hilfe: ü = ue
ä = ae

Das Lösungswort heißt:

1	2	3	4

Die 2. Stufe der Loewe Leseleiter

Zum ersten Selberlesen für Leseanfänger ab 6 Jahren
sind die vier Lesetiger-Geschichten zu einem beliebten Thema
besonders gut geeignet. Ganz kurze Textabschnitte
in großer, gut lesbarer Fibelschrift sorgen für einen sicheren
Leseerfolg; vier Bilder pro Doppelseite erleichtern
zusätzlich das Textverständnis.

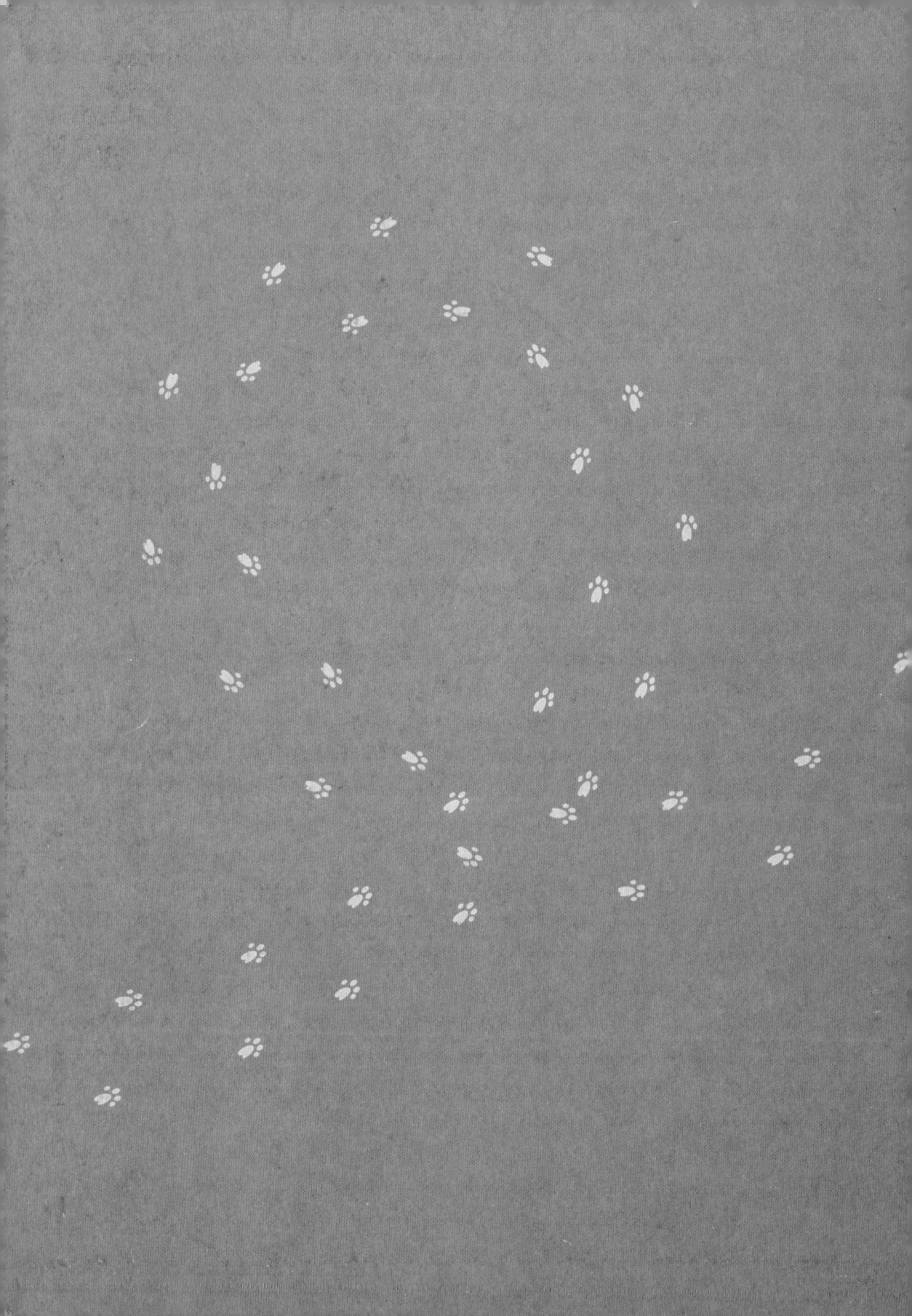